THE RIVER HAS NO COLOUR
LE FLEUVE EST SANS COULEUR

THE RIVER HAS NO COLOUR
LE FLEUVE EST SANS COULEUR

JESSICA TAGGART ROSE

CLAIRE DURAND-GASSELIN

The New Menard Press

PRAISE FOR *THE RIVER HAS NO COLOUR*

'In *The River Has No Colour*, Jessica Taggart Rose's character is a River Ecstatic. The book is a sensory delight, inviting readers to observe and challenge the fine details of a river's life, and, in turn, to reflect on the intricacies of their own. A stirring, refreshing read.'
— Roger Robinson, writer and educator

'Poised between devotion to the natural world and grief at its desecration, these powerfully observed poems are essential meditations on water's divine and vital role in shaping and holding our human derangements, vices and dreams.'
— Jacqueline Saphra, poet and playwright

'In these beautiful poems of urban observation, Jessica Taggart Rose places us in the contemporary city. Across multiple forms and modes of expression, Rose's voice is our guide to the territories she walks through, to their radiances, their energies and their juxtaposed lives. This is a Paris we recognise and a Paris we don't yet know, as line by line the city is disclosed. The river runs through it but so too does the writing: an eloquent and humane witness to difficult times.'
— David Herd, poet and critic

'Jessica Taggart Rose's poems take us into the heart of Paris through its main artery — the Seine. You won't find the rose-tinted mythical lovers' Paris here. Instead, a homeless goddess recycling the throwaway; a poet who escapes the holocaust but later drowns himself; a river polluted, its heart heavy with the weight of construction. Graffiti, tents of the dispossessed and cranes are part of the landscape as attempts are made to clean up the river for the 2024 Olympics. But here, too, sings the chorus of frogs, here too the walker can identify with and become part of the wildlife that still somehow manages to survive, and the poet can lift our spirits through the imagery of the river rippling like sardines, a river resilient in its journey onwards, even with barnacles on its back.'
— Maggie Harris, poet and prose writer

"The river that runs through Jessica Taggart Rose's Paris is dazzlingly violent; she conveys personal and collective memory, and each passer-by finds a part of their history, often drowned. Through Taggart Rose's language, the Seine is a living being; its inhabitants and ghosts catch their breath to give us their experiences, their passions, their disappointments, their dreams. Language is alive; it divides and gives hope; it erases and rewrites; it embodies both violence and beauty. And we are transported from one bank to the other by Claire Durand-Gasselin's translation."
— Canan Marasligil (she/they), writer, literary translator, artist

AUTUMN / AUTOMNE

Sequana 12 / Sequana 13
Stream 14 / Flux 15
Current 16 / Courant 17
Submerge 18 / Immerger 19
Substrate 20 / Substrat 21

WINTER / HIVER

Flood 24 / Inondation 25
Interference 26 / Interférence 27
Mute 28 / Sourdine 29
Night 30 / Nuit 31
Sound 32 / Son 33

SPRING / PRINTEMPS

Waking 36 / Réveil 37
I dress for the season 38 / Je m'habille pour la saison 39
Fashion 40 / Mode 41
Love 42 / Amour 43
Dream 44 / Rêve 45
Caryatids 46 / Cariatides 47
Chorus 48 / Chorale 49

SUMMER / ÉTÉ

Dance 52 / Danse 53
Drink 54 / Boire 55
Mingle 56 / Mêlée 57
Dive 58 / Plongée 59
Confluence 60 / Confluence 62

Italicised text in this collection indicates a direct quotation or found text, see page 70.

Le texte en italique dans ce recueil indique une citation directe ou du texte trouvé, voir page 71.

AUTUMN
*her whispering voice
one cannot help but hear it
is a moan*
— Jacques Prévert

AUTOMNE
*sa voix qui chuchote
on ne peut pas ne pas l'entendre
c'est une plainte…*
— Jacques Prévert

SEQUANA

Early dawn, I spot her squat figure
on the road beside the Seine,
illuminated in moonlight.

I come closer. She pushes, drags
two cases on wheels, one heavy bag
spilling over with plastic bottles, cans.

She stops me as a stranger, welcomes
with her bright, gappy smile; grubby pink
embroidered dress, worn like a circus tent.

Older than I'd pictured her, and homeless,
she insists she's here on business:
Parisii river spirit comes to town.

Refuse, reuse, recycling:
the work of a goddess now.

SEQUANA

Au petit matin, j'aperçois sa silhouette accroupie
sur le trottoir près de la Seine,
illuminée de lune.

Je m'approche. Elle pousse, tire
deux caisses à roulettes, un gros sac
débordant de bouteilles en plastiques, de canettes.

Elle m'arrête comme une étrangère, m'accueille
de son sourire éclatant et plein de trous; robe rose crasseuse
brodée, qu'elle porte comme un chapiteau de cirque.

Plus vieille que ce que j'imaginais, et sans domicile,
elle m'assure qu'elle est ici pour affaires :
Parisii, l'esprit de la rivière, arrive en ville.

Refuser, réutiliser, recycler :
l'œuvre d'une déesse, désormais.

STREAM

*A smelly open sewer, so contaminated that parts of it took
    on the colour of what was thrown into it.*

On Ile aux Cygnes, I try to decipher the graffiti.
Black tags in French and red spray scrawled in English
    underneath:
FUCK THE POLICE.
By the stairs, someone is pissing through the fence.
The river shrugs, kale-coloured and shimmering like sardines.

FLUX

*Un égout à l'air libre, béant et puant, tellement pollué que
　certains de ses recoins ont pris la couleur de ce qui y fut jeté.*

Sur l'Île aux Cygnes, j'essaie de déchiffrer le graffiti.
Tags en français qui recouvrent de l'anglais gribouillé
　à la bombe rouge :
FUCK THE POLICE.
À côté des escaliers, quelqu'un pisse par la barrière.
La rivière hausse les épaules, couleur chou kale, luisante
　comme des sardines.

CURRENT

Joan of Arc's ashes;
Brahim Bouarram,
drowned by the far right;
up to 200 Algerians
killed by Parisian police
and poet Paul Celan,
a holocaust survivor,
who died by suicide.

ICI ON NOIE LES ALGÉRIENS

Old Sequana hunches over her accounts, itemising.

I think of death,
current, smells,
feel the river's shame —
how she flushes out
unspeakable things,
how she folds and unfolds
stained bedsheet corners
of our shared histories.

COURANT

Les cendres de Jeanne d'Arc ;
Brahim Bouarram,
noyé par l'extrême droite ;
plus de 200 Algériens
tués par la police parisienne
et le poète Paul Celan,
survivant de la Shoah,
mort par suicide.

ICI ON NOIE LES ALGÉRIENS

La vieille Sequana est penchée sur ses comptes, elle en fait le
    détail.

Je pense : mort
courant, odeurs,
et je sens la honte de la Seine —
elle se purge
de choses indicibles,
elle plie et déplie
les coins tachés du drap
de notre histoire commune.

SUBMERGE

The Ministère des Armées could be The Rockies or
a Himalayan glacier, but intact, not a racing wall of rocks
    and water.
Apartment blocks stand in for snowy tors and
behind cranes, what appear to be chalk cliffs rise,
immune to coastal erosion.

I felt that even we would be swept away.

News sieves through pandemic sludge.
A modern fountain blubs into murky ice-melt, lapping
    around ankles;
shopping centre lights up like a hydroelectric power plant.
Only the Seine is what she seems: a living, writhing being.

IMMERGER

Le Ministère des Armées pourrait être Les Rocheuses ou
un glacier de l'Himalaya—mais un glacier intact, pas un mur
    d'eau et de roche qui avance à toute allure.
Les ensembles d'immeubles prennent la place des collines
    enneigées et
derrière les grues, on aperçoit comme des falaises de craie
    qui s'élèvent,
immunisées contre l'érosion marine.

J'ai senti que même nous, on se ferait emporter.

Les infos passent au tamis de la gadoue pandémique.
Une fontaine contemporaine sanglote en neige fondue glauque,
    et lèche les chevilles ;
un centre commercial s'éclaire comme une centrale
    hydroélectrique.
Seule la Seine est ce qu'elle semble être : un être vivant,
    agonisant.

SUBSTRATE

If the cement industry were a country, it would be the third largest carbon dioxide emitter in the world.

A long, low barge carts sand downstream.
Nearby, Lafarge looms, recently accused
of dumping pollutants into the current.

RUE BARRÉE

Cement mixers block green corridor promises:
bang, bang, bang, bang, bang.

SUBSTRAT

Si l'industrie du ciment était un pays, il serait le plus grand émetteur de dioxyde de carbone au monde.

Une péniche, longue et basse, transporte du sable en aval.
Près d'ici, Lafarge plane, menaçant, accusé récemment
de rejeter des polluants dans le fleuve.

RUE BARRÉE

Les bétonnières bloquent les promesses de corridor vert :
bang, bang, bang, bang, bang.

WINTER
The nymphs are departed.
—T. S. Eliot

HIVER
Les nymphes s'en sont allées.
—T.S. Eliot

FLOOD

The river refuses confinement:
scales slopes, floods walks, bursts walls,
causes causeway chaos: chaussée inondée.

Men living in tents peg further up the bank,
boat-dwellers make bridges of bricks, planks.
Swans look forlorn, nests abandoned.

At Pont de Bercy, neat asylum-seeker tents
line up below the Metro, nowhere safe to go,
crowding under the Ministère de l'Économie's shadow.

INONDATION

Le fleuve refuse le confinement :
il escalade les pentes, inonde les chemins, détruit les murs,
provoque le chaos sur les quais : chaussée inondée.

Les hommes qui vivent sous les tentes les plantent plus loin
    sur la rive,
les habitants des bateaux font des ponts de briques, de planches.
Les cygnes semblent désoeuvrés, les nids abandonnés.

À Bercy, les tentes bien entretenues des demandeurs d'asile
sont alignées sous le métro, sans nulle part où se réfugier,
entassées dans l'ombre du Ministère de l'Économie.

INTERFERENCE

Snow dust, fine like sand,
mist turned solid, collects in crevices;
thoughts spiral up, percolating
inside and outside time —
ideas fraternise here,
whisked like hollandaise
then fall from the stratosphere
through the tropopause, seeding clouds;
they tumble, blub as slush,
settle as snow, silencing sound.

INTERFÉRENCE

Poudreuse, fine comme du sable
brume solidifiée, accumulée dans les crevasses ;
les pensées tournoient, et passent
dans le filtre du temps —
les idées y fraternisent,
battues au fouet comme une sauce hollandaise
puis tombent de la stratosphère
en traversant la tropopause, et ensemencent les nuages ;
elles dégringolent, s'écrasent en boue,
s'entassent comme de la neige, et mettent le silence partout.

MUTE

February noon
skies won't shift
subtle dapples
grey, gradient
betweenness
subtext.

The range of grays is seemingly infinite.

These days, greys are
my favoured hues,
nuance daubed on
ambiguous
continuum
indivisible.

SOURDINE

Midi de février
ciels têtus
touches subtiles
gris, dégradé
entre-deux
sous-texte.

La gamme des gris est apparemment infinie.

Ces jours-ci, les gris sont
mes teintes favorites,
nuance tamponnée
continuum
ambigü
indivisible.

NIGHT

6pm and life stalls
boxed in identical cubes.
Sun blinks its weak finale;
I watch sky turn black.

*'I have been loved,' she said, 'by something strange,
       and it has forgotten me.'*

I cook, drawing from classes
I never signed up to.
Pour wine, take up my
part of our conversation.

Seeing the moon is like
seeing your face — distant.
Hidden at first then appearing
bright, so bright

and in fact, always there.

NUIT

18h et la vie stagne
rangée dans des cubes identiques.
Le soleil cligne de son maigre bouquet final ;
je regarde le ciel virer au noir.

« J'ai été aimée, » dit-elle, *« par quelque chose d'étrange,
  qui m'a oubliée. »*

Je cuisine, me sers de compétences acquises dans des cours
auxquels je ne me suis jamais inscrite.
Je verse le vin, et participe comme il faut
à notre conversation.

Voir la lune est comme
voir ton visage — distante.
D'abord dissimulée puis apparaissante
lumineuse, si lumineuse

et en fait, toujours présente.

SOUND

the Seine, old egotist, meanders imperturbably towards the sea

Putting my ear to her mouth, I listen to the harbour trickling out through sluice gates. Here, the river might be any urban drain, tamed to a slow drool, spittle pooling on the other side of a break wall, frothing with unchewed food, Coke cans and crisp packets. Beige gums undulate, glistening like pancake batter. A crab scampers sideways over silt cheek.

Dune grasses climb the left bank. Forests, green and vigorous, push through mist, rise beyond ponds and swans and Normandy houses.
Chimneys stack the right bank. Cranes, just visible behind haze, rise above dunes of containers, refineries and parts manufacturers.

Taupe and criss-crossed like the rump of a racehorse, her waters round the turn and run wide to the finish line. Faint smell of sweat, she foams onto Honfleur's shore. As she disappears into the Channel she's saying something I can't quite catch.

SON

la Seine, vieille égocentrique, serpente vers la mer, imperturbable

Mon oreille sur l'embouchure de la Seine, j'écoute le port qui ruisselle par les portes des écluses. Ici, le fleuve pourrait être n'importe quelle canalisation urbaine, domptée en une bave molle, postillons qui s'accumulent de l'autre côté d'une jetée, écume d'aliments mal mastiqués, canettes de Coca et paquets de chips. Des gencives beiges ondulent, luisantes comme de la pâte à crêpe. Un crabe détale de côté sur une joue de limon.

Du seigle de mer grimpe sur la rive gauche. Des forêts, vertes et vigoureuses, transpercent la brume, s'élèvent au-dessus des étangs et des cygnes et des maisons de Normandie.
Des cheminées sont alignées sur la rive droite. Des grues, à peine visibles derrière l'air épais, s'élèvent au-dessus de dunes de containers, des raffineries et des usines de pièces détachées.

Couleur taupe et quadrillées comme le poil de la croupe d'un cheval de course, les eaux prennent le virage et courent à grandes enjambées jusqu'à la ligne d'arrivée. Une vague odeur de sueur, la Seine mousse en rentrant dans le port de Honfleur. Alors qu'elle disparaît dans la Manche, elle dit quelque chose qui m'échappe.

SPRING

*Colour in a picture is
like enthusiasm in life.*
—Vincent van Gogh

PRINTEMPS

*La couleur est au tableau ce que
l'enthousiasme est à la vie.*
—Vincent van Gogh

WAKING

Trees throw tangled shadows
I sleep-bathe in branch patterns.

Eyelids and electric shutter stutter up
dim, blank wall blinks back.

Through the window-doors
the sky shows its pantyline — bright blue —
puncturing off-white clouds.

Traffic holds a steady tenor with
intermittent motorbike soprano.

Brakes squeal quietly, birdlike;
dark, angular shapes flutter upwards,
backwards blown like wrong-way leaves.

Shared corridor locks click,
reluctant lift doors groan open.

Honey-coloured lamp emits a light buzz.
Toilet sneezes, fridge belly mumbles,
steam sings while kettle water bubbles.

RÉVEIL

Les arbres lancent des ombres emmêlées
je prends un bain-sommeil dans des motifs de branches.

Les paupières et les volets électriques se relèvent en bégayant
peu éclairé, le mur blanc répond d'un clin d'oeil.

Par la porte-fenêtre
le ciel montre le bord de sa culotte — bleu vif —
et transperce un nuage blanc cassé.

La circulation tient une solide note de ténor avec
la voix intermittente des mobylettes sopranos.

Les freins grincent doucement, comme des oiseaux ;
des formes sombres et anguleuses volettent vers le haut,
retournées par le vent comme des feuilles à l'envers.

Les serrures du couloir partagé font clic,
les portes réticentes des ascenceurs s'ouvrent en grognant.

La lampe couleur de miel bourdonne légèrement.
Les toilettes éternuent, le ventre du frigo gargouille,
la vapeur chante tandis que l'eau de la bouilloire fait des bulles.

I DRESS FOR THE SEASON

Layers on top, red cotton scarf,
small show of pale ankles.

The light, long raincoat
may yet be needed
in these hours of frequent,
sudden storms.

JE M'HABILLE POUR LA SAISON

Couches de vêtements, écharpe en coton rouge,
un peu de cheville pâle dévoilée.

Le long imperméable léger
sera quand même bien utile
face à l'irruption fréquente
des orages.

FASHION

After *Riverbank in Springtime*, Vincent van Gogh

Printemps tangle:
new grass rises, tickles saplings,
new limbs bend, flex, reach up
and stretch green fingers,
link with old branch hands.

Dry foliage tumbles:
seeds, seed casings, leaves
trodden into dirt,
dust becoming.

Daisies, buttercups, pink asters push up,
hold yellow faces to golden sun;
purple posies, blue bells ring. Wring
out the colours: bloom, bloom!
Here's burgeoning, ravishing spring.

River, sky, dress in new-season colours;
slate grey bridge missed the memo.

MODE

D'après *Rivage au Printemps*, Vincent Van Gogh

Pétrin de printemps :
l'herbe nouvelle pousse, chatouille les arbustes,
les bras nouveaux se plient, fléchissent, lèvent
et étirent leurs doigts verts,
touchent de vieilles mains de branches.

Le feuillage sec dégringole :
graines, cosses, feuilles
piétinées en terre,
poussière en devenir.

Pâquerettes, boutons d'or, et asters rose poussent,
dressent des visages jaunes devant un soleil doré ;
fleurettes violettes et clochettes bleues tintent. Faites sortir
les couleurs : éclosion, éclosion !
Voilà le printemps, bourgeonnant et ravissant.

Rivière et ciel s'habillent aux couleurs de la nouvelle saison ;
le pont d'ardoise grise n'a pas reçu le message.

LOVE

On Pont d'Iéna you can buy
Eiffel towers in multiple sizes,
take-home trinkets, plastic Paris.
Couples snap selfies in their finery,
shiny balloons crowd round.

A heart of helium escapes
to take a pleasure cruise downriver,
gently blows across the water
and comes to rest in an eddy,
picturesque beneath a drain.

AMOUR

Sur le Pont d'Iéna on peut acheter
des Tours Eiffel de toutes les tailles,
babioles bibelots, Paris plastique.
Des couples prennent des selfies dans leurs atours,
ballons brillants rassemblés autour.

Un cœur d'hélium s'échappe
pour partir en croisière sur le fleuve,
il s'envole doucement sur l'eau
et se pose sur un tourbillon,
pittoresque sous une canalisation.

DREAM

Summer 2024 — the Paris Olympics
and the Seine fit to swim in.

Chirac's promise to clean up the capital's act
went gurgling down the sewer but,
in 2021, Paris Mayor Hidalgo's son
swam from source to sea.

Now, fish the size of dinghies can be seen
and pollution indicators flicker green.

RÊVE

Été 2024 — Jeux Olympiques de Paris
et la Seine prête pour les épreuves de natation.

La promesse de Chirac d'assainir la capitale
a disparu en gargouillis dans les égouts mais,
en 2021, le fils d'Hidalgo, la maire de Paris
a nagé de la source à la Manche.

On aperçoit des poissons de la taille d'un canot
et les indicateurs de pollution clignotent au vert.

CARYATIDS

Parisian maidens
call to the thirsty:
come wet your lips
drink, drink freely.

The Seine, purified,
runs through the city.
Our cups can be full
drink, drink freely.

Fountains for all
this Eau de Paris
sparkling or still:
come drink, plastic-free.

CARIATIDES

Les jeunes filles parisiennes
appellent les assoiffés :
venez mouiller vos lèvres
buvez, buvez sans entrave.

La Seine, purifiée,
traverse la ville en courant.
Nos coupes peuvent être pleines
buvez, buvez sans entrave.

Fontaines pour tous
cette Eau de Paris
pétillante ou plate :
venez boire, sans plastique.

CHORUS

Found poem — Île Saint-Germain, Spring 2021.
Listen to the field recording:

CHORALE

*Poème trouvé — Île Saint-Germain, printemps 2021.
Écoutez ici la prise de son en extérieur :*

SUMMER
You look ridiculous if you dance
You look ridiculous if you don't dance
So you might as well dance.
— Gertrude Stein

ÉTÉ
Tu as l'air ridicule si tu danses
Tu as l'air ridicule si tu ne danse pas
Alors autant danser.
— Gertrude Stein

DANCE

Catch the light, refracted.
              Seek perspectives, perspicacity.
   Scatter   colours   across   cobbles.

Like rain, the river has no colour,
        heeds no stereotypes
    projects: reflective, subjective, multiple

each ripple
different, distinct
— and yet —
dissolving into

DANSE

Attrape la lumière, réfractée.
          Cherche perspectives, perspicacité.
  Sème   couleurs   sur   pavés.

Comme la pluie, le fleuve est sans couleur,
     se fiche des stéréotypes
  projette :   réfléchi, subjectif, multiple

chaque vaguelette
différente, distincte
— et pourtant —
dissoute

DRINK

I pour out the last of a bottle, red.
Mark off names of streets
already walked, intersections
where *bridges end the lyric*.

The poetic corpus stifles
like summer apartment heat.
Fly-like, I circle poet corpses
on empty streets, cafes closed.

The river motes all ways at once in time

It's a different wine I drink,
vines drenched in too-hot sun,
grapes withering, parched
while humans remain
in their stupor.

Water hour, the rubble barge
bears us to evening

BOIRE

Je verse la dernière bouteille, rouge.
Je barre d'un trait les rues
déjà parcourues, les intersections
où *les ponts concluent les paroles des chansons.*

Le corpus poétique m'asphyxie
comme la chaleur d'un appartement.
Comme une mouche, je tourne autour des cadavres poètes
dans des rues vides, aux cafés fermés.

Le fleuve s'égraine dans tous les sens dans le temps

C'est un vin différent que je bois,
vignes trempées d'un soleil trop chaud,
raisins qui se frippent, desséchés
alors que les humains demeurent
dans leur stupeur.

Heure d'eau, la péniche
nous emporte vers le soir

MINGLE

On the lawns they mass
twenty and thirty somethings
stripes, florals, checks, patterned
head scarves, denims, trainers.

Languages mix like drinks
clink of pétanque, vendors
trade in bottled water,
boys sell beers from buckets.

Alone amid the crowd
I consider my position
participant, participle
a   part.

MÊLÉE

Sur les pelouses ils s'amassent
vingtenaires et trentenaires
rayures, fleurs, carreaux, voiles
à motif, jeans, baskets.

Les langues se mélangent comme les boissons
bruits de pétanque, les vendeurs
négocient des bouteilles d'eau,
des garçons vendent des bières
qu'ils transportent dans des seaux.

Seule parmi la foule
je considère ma position
participante, participe verbal
une   partie.

DIVE

We share a seat in sunshine,
  your webbed feet curl back,
    unsprung under powerful thighs.
      Goosebumps, ridge-backed spine,
        a smooth diamond-patterned leg
          looks like a doubled-over python.

        I gaze into one of your princely eyes: a
          popped-out bead on camouflage head.
            You watch me with it. When you wink
              it contracts, flattens back into your skull.

        I watch as restful breaths rise and fall
          below your amphibian chin, think I see
          your three-chambered heart's pulse
        at your soft sides, timed with mine.

We stay quiet, mismatched companions,
  before a hoard of children gather round.
  You dive — with such lithe grace as to
barely break the surface. Lycra-skinned
pond ballerina, it's as if you'd been
custom-made for this purpose.

PLONGÉE

On partage un siège sous le soleil,
  tes pieds palmés se courbent vers l'arrière,
    repliés sous tes cuisses puissantes.
      Chair-de-poule, colonne vertébrale crantée,
        une jambe douce au motif de diamant
        ressemble à un python plié en deux.

      Je scrute un de tes yeux princiers : une
        perle qui ressort d'une tête couleur camouflage.
        Tu me regardes avec. Quand tu fermes ta paupière,
        il se contracte, et rentre dans ton crâne.

      Je regarde ta respiration calme s'élever et retomber
      sous ton menton d'amphibien, je crois voir
      ton cœur à trois ventricules battre
      sur tes flancs mous, en cadence avec le mien.

  On ne dit rien, compagnes mal assorties,
    puis un troupeau d'enfants nous encercle.
  Tu plonges — avec une grâce si légère qu'elle
  brise à peine la surface. Ballerine d'étang
à la peau de Lycra, comme si tu avais été
dessinée et fabriquée pour cela.

CONFLUENCE

Dawn squadron of cormorants forms,
swoops below bridges, riffles skin of water.
These suburban shapeshifters with their hook
beaks, blue-green scales and prehistoric magic,
glide to a halt at Île Saint-Germain —
incoming périphérique traffic.

Here, beyond the glistening city,
pocket wilderness blossoms:
fungus blooms in creases of steps,
ants, bugs, beetles venture from nests,
bees get to work, collective.

I match my stride to the river
and we proceed side by side.

    s   l   o   w   l   y
we become blue-tailed damselflies,
hover lazily in long-note sun,
then turn,
land on a branch, become reptilian
and slither to the water. We curl into eels.

Hiding in hornwort, we play at being catfish, pike, scatter
in a silvery school of light-catching hatchlings.
Wriggling, we morph into tadpoles, condense as tiny frogs
and crow with six-toed toads, retuning our harmonics
to sing with an orchestra of sickle-bearing bush crickets.

Hopping out from grassy thickets, we
sprout wings and beaks and trill with robins,
criss-cross the sky as swifts and touch down into reeds,
duck-dive for a moment, elongate and emerge as swans.

We glide, webbed feet paddling into oars —
held in the hands of our fleeting human forms
— before we dive, disappearing in deep time.

We return, shy as salmon, to spawn upstream 100 years on.

Scales sequin into droplets; we are water now.
We seep up through soil as swamp,
trickle into tributary, swell into stream,
bend as river and rush towards sea.

River mouths merge puckered like the suckered sea lamprey.

Together, we draw out deep as tide, turn
and frolic back to shore like stallions.

At dusk, red sun slips into us.
We pool between rocks and sleep.
Motionless, we mirror the stars all night.

Next morning, warming, we rise into sky, ride
the winds as one; mass like gods into storm.

CONFLUENCE

Une escadrille de cormorans se forme à l'aube,
descend en piqué sous les ponts, ride la peau de l'eau.
Ces métamorphes banlieusards, avec leurs becs
crochus, leurs écailles bleu-vert et leur magie préhistorique,
planent pour faire halte sur l'île Saint-Germain —
trafic entrant sur le périphérique intérieur.

Ici, au-delà de la ville chatoyante,
des poches sauvages fleurissent :
le fungus éclot au creux des marches,
fourmis, insectes, scarabés se risquent à sortir de leurs nids,
les abeilles se mettent au travail, en collectif.

Je règle mon pas sur celui de la rivière
et nous avançons côte à côte.

   l   e   n   t   e   m   e   n   t
nous devenons des demoiselles-insectes à la queue bleue,
planons paresseusement dans un soleil en longue note,
puis tournons,
atterrissons sur une branche, devenons reptiliennes
et rampons jusqu'à l'eau. Nous nous enroulons en anguilles.

Cachées dans les anthocérotes, nous jouons au poisson-chat,
    au brochet,
éparpillées, argentées, à peine sorties de l'œuf, accrocheuses
    de lumière.

Frétillantes, nous nous morphons en têtards, condensées
 en petites grenouilles
et coassons avec les crapauds à six doigts, nous réaccordons
 nos harmonies
pour chanter avec un orchestre de crickets porte-faux.

Nous bondissons depuis des touffes d'herbe, nous
nous faisons pousser des ailes et des becs et chantons avec
 les moineaux,
traçons des carreaux dans le ciel comme les martinets et
 atterrissons sur les roseaux,
nous plongeons en canards, un instant, puis étirons nos corps,
 et émergeons en cygnes.

Nous glissons, pieds palmés qui pagaient et se font rames —
aux mains de nos formes humaines fugaces
— avant de plonger, et de disparaître dans la profondeur
 du temps.

Nous revenons, timides comme des saumons, pour pondre
 plus en amont un siècle plus tard.

Sequins d'écailles en petites gouttes ; nous voilà eau.

Nous infusons à travers le sol comme un marais,
ruisselons en affluent, gonflons nos corps en ruisseaux,
nous nous courbons en rivière et accélérons vers la mer.

Nos embouchures confluent en pinçant leurs lèvres comme des
 lamproies marines.

Ensemble, nous prenons l'envergure profonde de la marée, tournons
et gambadons en retournant vers le rivage comme des étalons.

Au crépuscule, le soleil rouge se glisse en nous.
Nous formons des flaques entre les rochers et nous endormons.
Sans aucun mouvement, nous sommes les miroirs d'étoiles de
 la nuit.

La matin suivant, en se réchauffant, nous nous élevons vers
 le ciel, et
enfourchons le vent d'un seul corps ; amassées comme des
 dieux dans l'orage.

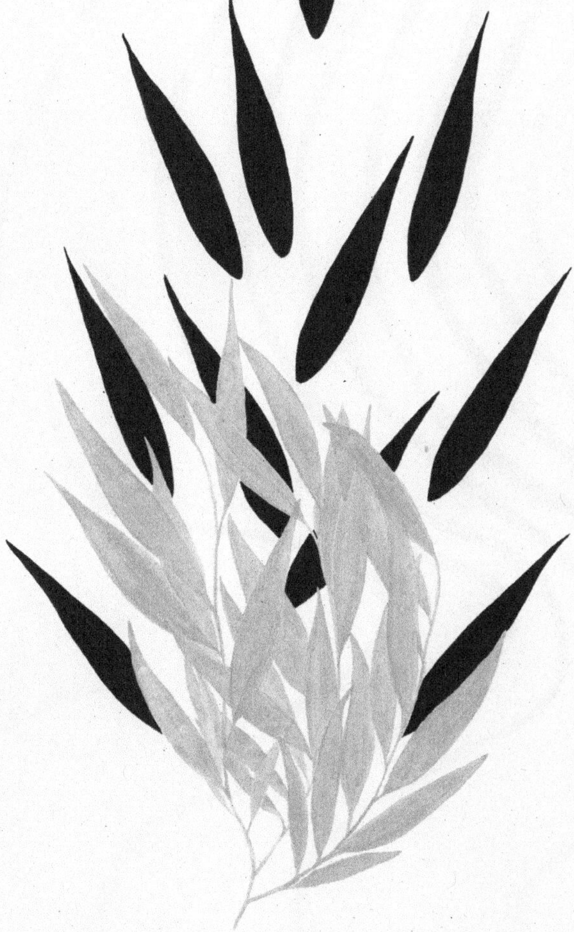

POSTSCRIPT

MOUTH
While studying in Paris in 2021 during the COVID pandemic, I set out to write a series of poems about human interactions with the River Seine. Part of my research took me to the river mouth at Honfleur.

BODY
The Seine has seen a high body count through human history because of conflicts, suicides and accidents. Government bodies have an impact on the river and her future, as do sporting bodies and corporate bodies. As a body of water, the Seine has been manipulated to serve the humans along its banks. In Paris, its natural water system interacts with the city's water and drainage system.

SONG
When walking on Île Saint-Germain one evening I was witness to a remarkable frog chorus. The diversity of amphibians and birds, just on the edge of Paris, was astonishing. I wondered what we might compose together.

POSTSCRIPT

BOUCHE
Alors que j'étudiais à Paris en 2021, pendant la pandémie de COVID, j'ai décidé d'écrire une série de poèmes sur les interactions entre les humains et la Seine. Cette recherche m'a conduite à l'estuaire du fleuve, à Honfleur.

CORPS / *BODY*
La Seine dénombre un grand nombre de victimes (*body count*) à travers l'Histoire, à cause des conflits, des suicides et des accidents. Les corps gouvernementaux (*government bodies*) ont un impact sur le fleuve et son futur, tout comme les institutions sportives (*sporting bodies*) et les structures commerciales (*corporate bodies*). En tant qu'étendue d'eau (*body of water*), la Seine a depuis longtemps été manipulée pour servir les humains vivant le long de ses rives. À Paris, son système d'eau naturel interagit avec les eaux de la ville et le réseau d'évacuation.

CHANT
Un soir, en marchant sur l'Île Saint-Germain, j'ai assisté à une remarquable chorale de grenouilles. La diversité des amphibiens et des oiseaux, aux portes de Paris, était incroyable. Je me suis demandée ce qu'on allait bien pouvoir composer ensemble.

NOTES

Italicised text in this collection indicates a direct quotation or found text, as follows.

'Stream' — quote from Elaine Sciolino, *The Seine: The River That Made Paris*, W. W. Norton & Company, 2019.
'Current' — graffiti on Pont Saint-Michel, 1961.
'Submerge' — villager quoted by Reuters, 7 February 2021.
'Substrate' — Jonathan Watts, 'Concrete: the most destructive material on Earth,' *The Guardian*, 25 February 2019.
'Mute' — quote from Henry Miller, *Quiet Days in Clichy*, 1970.
'Night' — quote from Djuna Barnes, *Nightwood*, Faber and Faber, 1936.
'Sound' — quote from Hope Mirrlees, *Paris: A Poem*, Hogarth Press, 1919.
'Drink' — first two quotes from Douglas Oliver, *Arrondissements*, Salt Publishing, 2003; the third quote from Paul Celan, *Poems of Paul Celan*, Persea Books, 2002.

NOTES

Le texte en italique dans ce recueil indique une citation directe ou du texte trouvé, comme suit.

'Flux' — citation d'Elaine Sciolino, *The Seine: The River That Made Paris*, W. W. Norton & Company, 2019.
'Courant' — graffiti sur le Pont Saint-Michel, 1961.
'Immerger' — villageois cité par Reuters, 7 février 2021.
'Substrat' — Jonathan Watts, 'Concrete: the most destructive material on Earth', *The Guardian*, 25 février 2019.
'Sourdine' — citation de Henry Miller, *Quiet Days in Clichy*, 1970.
'Nuit' — citation de Djuna Barnes, *Nightwood*, Faber and Faber, 1936.
'Son' — citation de Hope Mirrlees, *Paris A Poem*, Hogarth Press, 1919.
'Boire' — deux premières citations de Douglas Oliver, *Arrondissements*, Salt Publishing, 2003 ; troisième citation de Paul Celan, *Poems of Paul Celan*, Persea Books, 2002.

ACKNOWLEDGEMENTS

A large number of people have contributed to the creation of this small book. My thanks go to the following individuals and groups. Fellow students and lecturers on the MA in Creative Writing at the University of Kent, Canterbury and at the Paris School of Arts and Culture. My husband Dominic, sister-in-law Evelyne and the whole Rose family. My Paris friends for their wonderful hospitality: Lily Heise, Catherine Deleplace, Elaine Cobbe, Carmen Bouyer, Matt Jones, Bruno Franceschi and Bernard Zirnheld. People who have helped more than they realise: Lucy Ferguson, Claire Collison, Maggie Harris, Connor Sansby, Catherine Hall, Morgan Weis, Richard Davies, Louisa Harris, fellow Poets for the Planet and members of Margate Stanza. Arts Council England for my Developing Your Creative Practice grant, which gave me time to complete the pamphlet and seek out publishers. Elte Rauch and everyone at The New Menard Press for their professionalism, care and encouragement.

REMERCIEMENTS

Un grand nombre de personnes ont contribué à la création de ce petit livre. Mes remerciements vont aux personnes et groupes suivants : étudiants et professeurs du MA in Creative Writing à l'Université de Kent, Canterbury et à l'Ecole des Arts et de la Culture de Paris. Mon mari Dominic, ma belle-sœur Evelyne et toute la famille Rose. Mes amis parisiens pour leur merveilleuse hospitalité : Lily Heise, Catherine Deleplace, Elaine Cobbe, Carmen Bouyer, Matt Jones, Bruno Franceschi et Bernard Zirnheld. Les personnes qui m'ont aidée plus qu'elles ne le croient : Lucy Ferguson, Claire Collison, Maggie Harris, Connor Sansby, Catherine Hall, Morgan Weis, Richard Davies, Louisa Harris, les autres membres de Poets for the Planet et les membres de Margate Stanza. Le Arts Council England pour la bourse Developing Your Creative Practice, qui m'a donné le temps de finaliser ce livre et de chercher des éditeurs. Elte Rauch et toute l'équipe de The New Menard Press pour leur professionnalisme, leur attention et leurs encouragements.

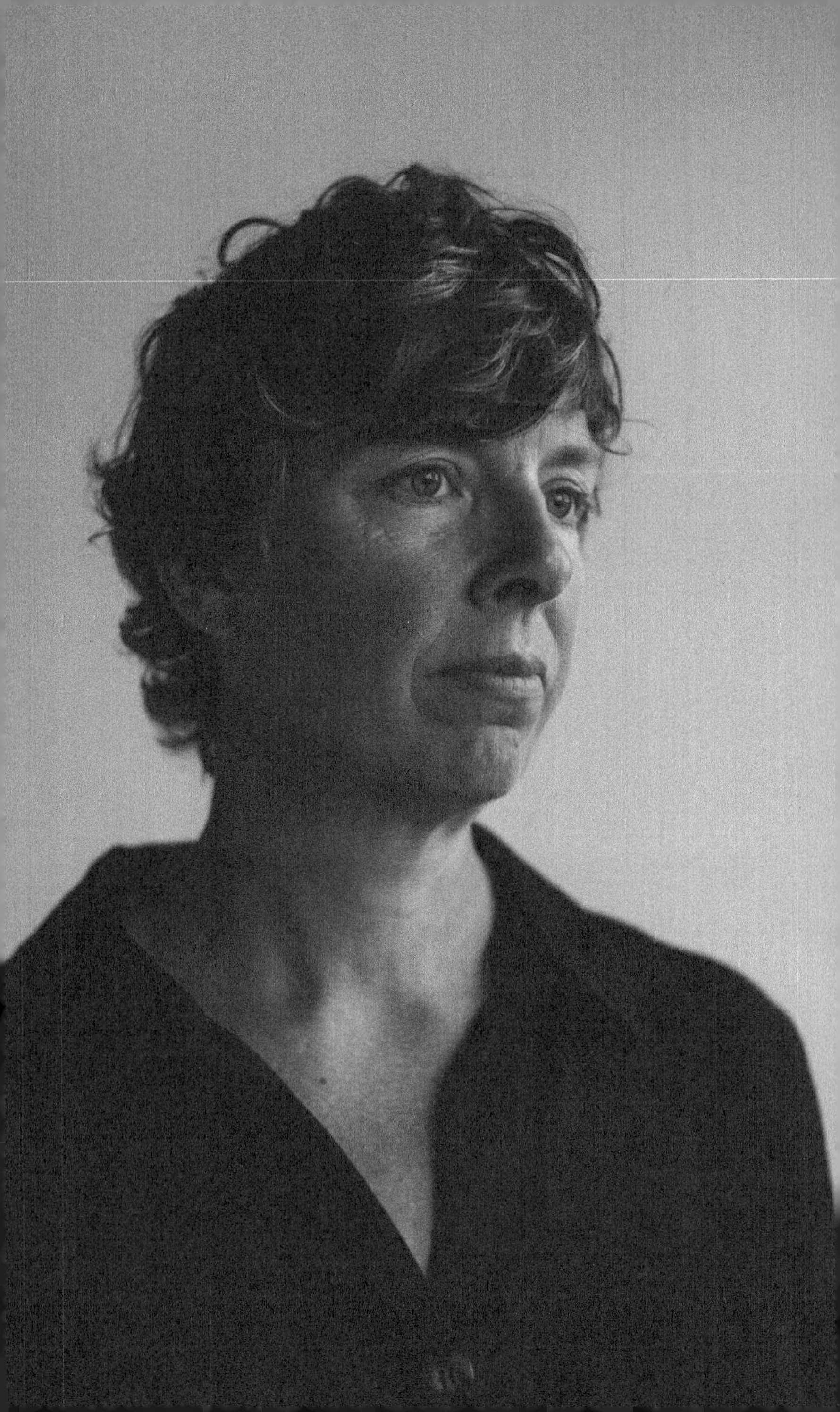

ABOUT THE AUTHOR

Jessica Taggart Rose is a poet and performer concerned with humanity, nature and how they interact. Her poems have been published in *Wind, Tide and Oar* (2024) with The New Menard Press, *Flora/Fauna* (2024) with Open Shutter Press, *New Contexts* (2020) with Coverstory Books, *Letters to the Earth* (2019) with HarperCollins and the *Wild Weather* and *Furrows* anthologies (2021, 2022) with Green Ink Press. They have also appeared in *Confluence Magazine*, *Full House Literary*, *Artists Responding To* and a range of zines.
She is a founding member of Poets for the Planet, an Artful Scribe Creative Writer Against Coastal Waste and one half of the Promenade duo. Jessica grew up in Australia and now lives by the sea in Margate, UK, where she's part of the Margate Bookie lit fest team and runs Margate Stanza.

À PROPOS DE L'AUTRICE

Jessica Taggart Rose est une poétesse et artiste qui s'intéresse à l'humain, à la nature et à la façon dont ils interagissent. Ses poèmes ont été publiés dans *Wind, Tide and Oar* (2024) avec The New Menard Press, *Flora/Fauna* (2024) avec Open Shutter Press, *New Contexts* (2020) avec Covererstory Books, *Letters to the Earth* (2019) avec HarperCollins et les anthologies *Wild Weather* et *Furrows* (2021, 2022) avec Green Ink Press. Son travail a également été publié dans *Confluence Magazine*, *Full House Literary*, *Artists Responding To* et toute une série de zines. Elle est membre fondatrice de Poets for the Planet, membre du duo Promenade, et fait partie des écrivains qui luttent contre les déchets côtiers avec Artful Scribe. Elle a grandi en Australie et vit au bord de la mer à Margate, où elle fait partie de l'équipe du festival littéraire Margate Bookie et dirige l'atelier Margate Stanza.

www.jessicataggartrose.com

ABOUT THE TRANSLATOR

Claire Durand-Gasselin is a translator, bilingual poet and visual artist. She lived in the US from 2014 to 2022 and now resides in Montreuil, France. She was the cofounder and artistic director of Mad Gleam Press and now works as a literary translator, specialising in poetry. She is also an editor and active member of Paris Lit Up. Her work explores memory, rituals and resonance with places. Her poems and publications have appeared in places such as *A Shape Produced by a Curve* (Great Weather For Media), the *Revue Miroir*, the podcast Mange tes Mots and the website Synapse International.

À PROPOS DE LA TRADUCTRICE

Claire Durand-Gasselin est une traductrice, poétesse bilingue et artiste visuelle. Elle a vécu aux États-Unis de 2014 à 2022, et réside désormais à Montreuil, en France. Elle a été co-fondatrice et directrice artistique de Mad Gleam Press, et exerce maintenant le beau métier de traductrice littéraire. Elle est aussi éditrice et membre active de Paris Lit Up, une communauté littéraire anglophone basée à Paris. Son travail explore la mémoire, les rituels et la résonance avec les lieux. Ses poèmes ont été inclus dans diverses anthologies, dont *A Shape Produced by a Curve* (Great Weather For Media), la *Revue Miroir*, le podcast Mange tes Mots et le site Synapse International.

Menard press
the new

The River Has No Colour
Le fleuve est sans couleur

This edition was first published in The United Kingdom
in 2024 by The New Menard Press

Copyright © 2024 Jessica Taggart Rose
Copyright © 2024 The New Menard Press
French translation © 2024 Claire Durand-Gasselin

Jessica Taggart Rose asserts the moral right to be identified as
the author of this work in accordance with the Copyright, Designs
and Patents Act 1988. A CIP catalogue record for this book is
available from the British Library.

ISBN 9781068680403
First edition, November 2024

Thank you for buying an authorized copy of this book and
for complying with copyright laws by not reproducing, scanning
or distributing any part of it in any form without permission
of the publisher and author. The New Menard Press supports
copyright. Copyright fuels creativity, encourages diverse voices,
promotes freedom of speech and creates a vibrant culture. You
are supporting indie writers and publishers and allowing them to
continue to make books together.

Editorial coordination by E.K. Bartlett
Typeset in Optima by Hermann Zapf
Cover Artwork Carmen Bouyer © 2024
Author photo © Luke Eastop
Translator photo © Sarah Annie
Book design by Martijn Dentant for
Armee de Verre Bookdesign, Ghent, Belgium
Printed and bound in The Netherlands by Patria
Distributed by InPress Ltd Newcastle upon Tyne

www.thenewmenardpress.com